COTTURA A BASSA TEMPERATURA

2021

RICETTE DELIZIOSE E FACILI DA FARE

GLORIA MANSO

Sommario

Costolette di vitello al pepe con funghi.................................8

Costolette Di Vitello 10

Vitello con vino porto.. 11

Vitello Portobello.. 13

Sugo di Vitello 15

Fegato di Vitello Dijon 17

Costolette di agnello alla africana con albicocche 19

Costolette Di Agnello Coniate Con Noci............................ 21

Carré d'agnello marinato con senape e miele 23

Polpette di Agnello con Salsa allo Yogurt........................ 24

Riso Piccante con Agnello.. 26

Bistecche di agnello al peperoncino con salsa di semi di sesamo
.... 28

Agnello dolce con salsa alla senape............................... 29

Agnello con Menta e Limone...................................... 31

Costolette di Agnello al Limone con Salsa Chimichurri.............. 33

Stinco di Agnello con Verdure e Salsa Dolce..................... 35

Stufato di pancetta e agnello 37

Costolette di agnello al limone pepate con chutney di papaia... 39

Spiedini Di Agnello Piccanti...................................... 41

Agnello alle erbe con verdure.................................... 43

Carré di agnello all'aglio 45

Rack di agnello in crosta di erbe................................ 47

Spiedini di agnello e ciliegie 50

Peperone e Agnello al Curry..52

Costolette di Agnello al Formaggio di Capra....................54

Spalla di Agnello...56

Jalapeño Agnello Arrosto..58

Costolette di agnello alla griglia con timo e salvia.........60

Costolette di Agnello con Basilico Chimichurri................62

Spiedini di agnello salati Harissa.......................................64

Maiale alla senape dolce con cipolle croccanti................66

Deliziose braciole di maiale al basilico e limone.............68

Costolette con salsa cinese...70

Stufato di maiale e fagioli...72

Costolette di Maiale Jerk...74

Costolette di Maiale con Aceto Balsamico.........................75

Costine di maiale disossate con salsa di cocco e arachidi...77

Filetto di maiale al lime e aglio...79

Costolette di maiale al barbecue...81

Filetto d'acero con mela saltata..82

Pancia Di Maiale Alla Paprika Affumicata.........................84

Tacos Di Maiale Carnitas...85

Maiale saporito con glassa di senape e melassa..............86

Collo di maiale arrosto...88

Costolette di maiale..90

Costolette di Maiale al Timo...91

Costolette con sidro e salvia...92

Filetto di maiale al rosmarino..94

Pancetta alla Paprika con Cipolline....................................95

Costolette di maiale al pomodoro con purea di patate.....96

Toast con uova e pancetta croccante 98

Filetto piccante con salsa dolce di papaya 99

Gustose patate e pancetta con scalogno 101

Braciole di maiale croccanti 103

Costolette di maiale dolci con pera e carote 105

Spaghetti ramen di maiale e funghi 106

Gustoso filetto con salsa di avocado 108

Filetto alle erbe con salsa piccante all'ananas 109

Filetto di paprika con erbe aromatiche 111

Costolette di vitello al pepe con funghi

Tempo di preparazione + cottura: 3 ore 15 minuti | Porzioni: 5

Ingredienti:

1 libbra di costolette di vitello

1 libbra di funghi di pino, affettati

½ tazza di succo di limone appena spremuto

1 cucchiaio di foglie di alloro, schiacciate

5 grani di pepe

3 cucchiai di olio vegetale

2 cucchiai di olio extravergine di oliva

Sale e pepe nero qb

Indicazioni:

Preparare un bagnomaria, inserire il Sous Vide e impostare su 154 F.

Condisci le costolette con sale e pepe. Mettere in un sacchetto sigillabile sottovuoto in un unico strato insieme a succo di limone, alloro, pepe in grani e olio d'oliva. Sigilla la borsa.

Immergere la busta a bagnomaria e cuocere per 3 ore. Togliere dal bagnomaria e mettere da parte. Riscalda l'olio vegetale in una padella capiente.

Aggiungere i funghi di pino e saltare in padella con un pizzico di sale a fuoco medio fino a quando tutto il liquido evapora. Aggiungere le costolette di vitello insieme alla sua marinata e continuare a cuocere per altri 3 minuti. Servite subito.

Costolette Di Vitello

Tempo di preparazione + cottura: 2 ore 40 minuti | Porzioni: 4

Ingredienti:

2 bistecche di vitello

Sale e pepe nero qb

2 cucchiai di olio d'oliva

Indicazioni:

Preparate un bagnomaria, metteteci dentro il sottovuoto e portate a 140 F. Strofinate la carne di vitello con pepe e sale e mettetela in un sacchetto sigillabile sottovuoto. Rilasciare l'aria con il metodo dello spostamento dell'acqua e sigillare il sacchetto. Immergiti nel bagnomaria. Imposta il timer per 2 ore e 30 minuti. Cucinare.

Una volta che il timer si è fermato, rimuovere e aprire il sacchetto. Togliere la carne di vitello, asciugarla tamponando con carta assorbente e strofinare con l'olio d'oliva. Preriscaldare una ghisa a fuoco alto per 5 minuti. Mettere la bistecca e rosolarla fino a farla dorare profondamente su entrambi i lati. Rimuovere su un tagliere da portata. Servire con insalata.

Vitello con vino porto

Tempo di preparazione + cottura: 2 ore 5 minuti | Porzioni: 6

ingredienti

3 cucchiai di burro

¾ tazza di brodo vegetale

½ tazza di vino Porto

¼ di tazza di funghi shiitake affettati

3 cucchiai di olio d'oliva

4 spicchi d'aglio, tritati

1 porro, solo la parte bianca, tritata

Sale e pepe nero qb

8 cotolette di vitello

1 rametto di rosmarino fresco

Indicazioni

Preparare un bagnomaria e inserire il Sous Vide. Impostare su 141 F. Unire brodo, vino porto, funghi, burro, olio d'oliva, aglio, porro, sale e pepe. Mettere la carne di vitello in un grande sacchetto richiudibile sottovuoto. Aggiungere il rosmarino e il composto. Rilasciare l'aria con il metodo dello spostamento dell'acqua, sigillare e immergere la sacca nel bagnomaria. Cuocere per 1 ora e 45 minuti.

Una volta fatto, togliere la carne di vitello e asciugare tamponando. Eliminate il rosmarino e trasferite il sugo di cottura in una casseruola. Cuocere per 5 minuti. Aggiungere la carne di vitello e cuocere per 1 minuto. Completare con la salsa per servire.

Vitello Portobello

Tempo di preparazione + cottura: 2 ore 10 minuti | Porzioni: 4

Ingredienti:

2 libbre di costolette di vitello

1 tazza di brodo di manzo

4 funghi Portobello, affettati

1 cucchiaino di aglio in polvere

1 cucchiaio di origano essiccato

3 cucchiai di aceto balsamico

2 cucchiai di olio d'oliva

Sale e pepe nero qb

Indicazioni:

Preparare un bagnomaria, posizionare il Sous Vide e impostare su 140 F.

In una ciotola, unire il brodo di manzo con i funghi, l'aglio in polvere, l'origano, l'aceto balsamico, l'olio d'oliva e il sale. Strofinare bene ogni cotoletta con questo composto e metterla in un grande sacchetto sigillabile sottovuoto in un unico strato. Aggiungere la marinata rimanente e sigillare. Immergere nel bagnomaria e cuocere per 2 ore.

Una volta che il timer si è fermato, rimuovere le cotolette dalla busta e asciugarle tamponando. Cuocere a fuoco lento i succhi di cottura in una casseruola per circa 4 minuti. Aggiungere le cotolette e cuocere per 1 minuto. Trasferimento ai piatti. Versare la salsa sul vitello e servire.

Sugo di Vitello

Tempo di preparazione + cottura: 1 ora e 40 minuti | Porzioni: 3

Ingredienti:

½ libbra di costolette di vitello

Sale e pepe nero qb

1 tazza di funghi, tagliati a fettine sottili

⅓ tazza di panna

2 scalogni, tagliati a fettine sottili

1 cucchiaio di burro non salato

1 rametto di foglie di timo

1 cucchiaio di erba cipollina tritata per guarnire

Indicazioni:

Preparare un bagnomaria e inserire il Sous Vide. Impostare a 129 F. Strofinare le cotolette con aglio e sale e mettere la carne di vitello con tutti i restanti ingredienti elencati tranne l'erba cipollina in un sacchetto sigillabile sottovuoto.

Rilasciare l'aria con il metodo dello spostamento dell'acqua e sigillare. Immergiti nel bagnomaria. Imposta il timer per 1 ora e 30 minuti e cuoci.

Una volta fatto, rimuovere la busta e portare la carne di vitello su un piatto. Trasferire la salsa in una padella, scartare il timo e cuocere a fuoco lento per 5 minuti. Aggiungere la carne di vitello e cuocere per 3 minuti. Guarnire con l'erba cipollina. Servire.

Fegato di Vitello Dijon

Tempo di preparazione + cottura: 85 minuti | Porzioni: 5

Ingredienti:

2 libbre di fegato di vitello, a fette

2 cucchiai di senape di Digione

3 cucchiai di olio d'oliva

1 cucchiaio di coriandolo, tritato finemente

1 cucchiaino di rosmarino fresco, tritato finemente

1 spicchio d'aglio, schiacciato

½ cucchiaino di timo

Indicazioni:

Fare un bagnomaria, inserire il sottovuoto e impostare a 129 F. Sciacquare accuratamente il fegato sotto l'acqua corrente fredda. Assicurati di lavare via tutte le tracce di sangue. Asciugare con carta da cucina. Utilizzando un coltello da cucina affilato rimuovere tutte le vene, se presenti. Tagliare trasversalmente a fettine sottili.

In una piccola ciotola, unisci olio d'oliva, aglio, coriandolo, timo e rosmarino. Mescolare fino a quando ben incorporato. Spennellate generosamente le fette di fegato con questa miscela e mettete in frigorifero per 30 minuti.

Togliete dal frigorifero e mettete in un grande sacchetto sigillabile sottovuoto. Immergere la busta sigillata a bagnomaria e impostare il timer per 40 minuti. Una volta terminato, apri la borsa. Ungete una padella capiente con un po 'd'olio e metteteci dentro delle fette di fegato di carne. Brevemente, rosolare su entrambi i lati per 2 minuti. Servire con i cetriolini.

Costolette di agnello alla africana con albicocche

Tempo di preparazione + cottura: 2 ore e 15 minuti | Porzioni: 2

ingredienti

2 costolette di agnello

Sale e pepe nero qb

1 cucchiaino di miscela di spezie

4 albicocche

1 cucchiaio di miele

1 cucchiaino di olio d'oliva

Indicazioni

Preparare un bagnomaria e inserire il Sous Vide. Impostato su 134 F.

Unisci gli agnelli con sale e pepe. Spennellare le costolette di agnello con la miscela di spezie e metterle in un sacchetto sigillabile sottovuoto. Aggiungi albicocche e miele. Rilasciare l'aria con il metodo dello spostamento dell'acqua, sigillare e immergere la sacca nel bagnomaria. Cuocere per 2 ore.

Una volta che il timer si è fermato, rimuovere le costolette e asciugare. Riservate le albicocche e il liquido di cottura. Riscaldare una padella a fuoco medio e rosolare l'agnello per 30 secondi per lato. Trasferire su un piatto e lasciar raffreddare per 5 minuti. Condire con liquido di cottura. Guarnire con le albicocche.

Costolette Di Agnello Coniate Con Noci

Tempo di preparazione + cottura: 2 ore 35 minuti | Porzioni: 4

ingredienti

Costolette di agnello da 1 libbra

Sale e pepe nero qb

1 tazza di foglie di menta fresca

½ tazza di anacardi

½ tazza di prezzemolo fresco confezionato

½ tazza di scalogno, affettato

3 cucchiai di succo di limone

2 spicchi d'aglio, tritati

6 cucchiai di olio d'oliva

Indicazioni

Preparare un bagnomaria e inserire il Sous Vide. Impostare a 125 F. Condire l'agnello con sale e pepe e metterlo in un sacchetto sigillabile sottovuoto. Rilasciare l'aria con il metodo dello spostamento dell'acqua, sigillare e immergere la sacca a bagnomaria. Cuocere per 2 ore.

In un robot da cucina mescola la menta, il prezzemolo, gli anacardi, lo scalogno, l'aglio e il succo di limone. Versare 4 cucchiai di olio d'oliva. Condire con sale e pepe. Una volta che il timer si è fermato, togliere l'agnello, spennellarlo con 2 cucchiai di olio d'oliva e trasferirlo su una griglia ben calda. Cuocere per 1 minuto per lato. Servire con noci.

Carré d'agnello marinato con senape e miele

Tempo di preparazione + cottura: 1 ora e 10 minuti | Porzioni: 4

ingredienti

1 carré di agnello, rifilato

3 cucchiai di miele

2 cucchiai di senape di Digione

1 cucchiaino di aceto di sherry

Sale qb

2 cucchiai di olio di avocado

Cipolla rossa tritata

Indicazioni

Preparare un bagnomaria e inserire il Sous Vide. Impostare a 135 F. Unire bene tutti gli ingredienti, tranne l'agnello. Glassare l'agnello con il composto e metterlo in un sacchetto sigillabile sottovuoto. Rilasciare l'aria con il metodo dello spostamento dell'acqua, sigillare e immergere la sacca nel bagnomaria. Cuocere per 1 ora.

Una volta che il timer si è fermato, rimuovere l'agnello e trasferirlo su un piatto. Riserva i succhi di cottura. Scaldare l'olio in una padella a fuoco medio e rosolare l'agnello per 2 minuti per lato. Tritatela e spolveratela con il sugo di cottura. Guarnire con cipolla rossa.

Polpette di Agnello con Salsa allo Yogurt

Tempo di preparazione + cottura: 2 ore e 15 minuti | Porzioni: 2

ingredienti

½ libbra di carne di agnello macinata

¼ di tazza di prezzemolo fresco tritato

¼ di tazza di cipolla, tritata

¼ di tazza di mandorle tostate, tritate finemente

2 spicchi d'aglio, tritati

Sale qb

2 cucchiaini di coriandolo macinato

¼ di cucchiaino di cannella in polvere

1 tazza di yogurt

½ tazza di cetriolo a dadini

3 cucchiai di menta fresca tritata

1 cucchiaino di succo di limone

¼ di cucchiaino di pepe di cayenna

Pane pitta

Indicazioni

Preparare un bagnomaria e posizionarvi sopra il sottovuoto. Impostare su 134 F. Unire l'agnello, la cipolla, le mandorle, il sale, l'aglio, la cannella e il coriandolo. Fare 20 palline e disporle in un sacchetto sigillabile sottovuoto. Rilasciare l'aria con il metodo dello spostamento dell'acqua, sigillare e immergere la sacca a bagnomaria. Cuocere per 120 minuti.

Nel frattempo, prepara la salsa mescolando yogurt, menta, cetriolo, pepe di Caienna, succo di limone e 1 cucchiaio di sale. Una volta che il timer si è fermato, rimuovere le palline e cuocere per 3-5 minuti. Condire con la salsa e servire con la pita.

Riso Piccante con Agnello

Tempo di preparazione + cottura: 24 ore 10 minuti | Porzioni: 2

ingredienti

1 spalla di agnello arrosto, disossata

1 cucchiaio di olio d'oliva

1 cucchiaio di curry in polvere

2 cucchiaini di sale all'aglio

1 cucchiaino di coriandolo

1 cucchiaino di cumino macinato

1 cucchiaino di fiocchi di peperoncino rosso essiccati

1 tazza di riso integrale, cotto

Indicazioni

Preparare un bagnomaria e inserire il Sous Vide. Impostato su 158 F.

Unisci l'olio d'oliva, l'aglio, il sale, il cumino, il coriandolo e i fiocchi di peperoncino. Marinare l'agnello. Mettere in un sacchetto sigillabile sottovuoto. Rilasciare l'aria con il metodo dello spostamento dell'acqua, sigillare e immergere la sacca a bagnomaria. Cuocere per 24 ore.

Una volta fatto, togliere l'agnello e tagliarlo a fette. Servire con il sugo di cottura sopra il riso.

Bistecche di agnello al peperoncino con salsa di semi di sesamo

Tempo di preparazione + cottura: 3 ore 10 minuti | Porzioni: 2

ingredienti

2 bistecche di agnello

2 cucchiai di olio d'oliva

Sale e pepe nero qb

2 cucchiai di olio di avocado

1 cucchiaino di semi di sesamo

Un pizzico di fiocchi di peperone rosso

Indicazioni

Preparare un bagnomaria e inserire il Sous Vide. Impostare a 138 F. Mettere l'agnello con l'olio d'oliva in un sacchetto sigillabile sottovuoto. Rilasciare l'aria con il metodo dello spostamento dell'acqua, sigillare e immergere la sacca a bagnomaria. Cuocere per 3 ore.

Una volta fatto, asciugare l'agnello tamponando. Condire con sale e pepe. Scaldare l'olio di avocado in una padella a fuoco alto e rosolare l'agnello. Taglia a morsi. Guarnire con semi di sesamo e fiocchi di pepe.

Agnello dolce con salsa alla senape

Tempo di preparazione + cottura: 1 ora e 10 minuti | Porzioni: 4

iongredients

1 agnello di cremagliera, mondato

3 cucchiai di miele che cola

2 cucchiai di senape di Digione

1 cucchiaino di aceto di vino allo sherry

Sale qb

2 cucchiai di olio di avocado

1 cucchiaio di timo

Semi di senape tostati per guarnire

Cipolla verde tritata

Indicazioni

Preparare un bagnomaria e inserire il Sous Vide. Impostare su 135 F. Unire tutti gli ingredienti, tranne l'agnello. Metti l'agnello in un sacchetto sigillabile sottovuoto. Rilasciare l'aria con il metodo dello spostamento dell'acqua, sigillare e immergere la sacca nel bagnomaria. Cuocere per 1 ora. Una volta che il timer si è fermato, rimuovere l'agnello e trasferirlo su un piatto.

Scaldare l'olio in una padella a fuoco vivace e rosolare l'agnello per 2 minuti per lato. Tritare e guarnire con il sugo di cottura. Guarnire con cipolla verde e semi di senape tostati.

Agnello con Menta e Limone

Tempo di preparazione + cottura: 2 ore e 15 minuti | Porzioni: 2

ingredienti

1 carré di agnello

Sale e pepe nero qb

2 rametti di rosmarino fresco

¼ di tazza di olio d'oliva

2 tazze di fagioli di Lima freschi, sgusciati, sbollentati e sbucciati

1 cucchiaio di succo di limone

1 cucchiaio di erba cipollina fresca, tritata

1 cucchiaio di prezzemolo fresco tritato

1 cucchiaio di menta fresca

1 spicchio d'aglio, tritato

Indicazioni

Preparare un bagnomaria e inserire il Sous Vide. Impostare a 125 F. Condire l'agnello con sale e pepe e metterlo in un sacchetto sigillabile sottovuoto. Rilasciare l'aria con il metodo dello spostamento dell'acqua, sigillare e immergere la sacca a bagnomaria. Cuocere per 2 ore.

Una volta che il timer si è fermato, rimuovere l'agnello e asciugare. Scaldare 1 cucchiaio di olio d'oliva in una griglia a fuoco alto e rosolare l'agnello condito per 3 minuti. Metti da parte e lascia raffreddare.

Per l'insalata, unire i fagioli di Lima, il succo di limone, il prezzemolo, l'erba cipollina, la menta, l'aglio e 3 cucchiai di olio d'oliva. Condire con sale e pepe. Tagliare l'agnello a costolette e servire con insalata di fagioli di Lima.

Costolette di Agnello al Limone con Salsa Chimichurri

Tempo di preparazione + cottura: 2 ore e 15 minuti | Porzioni: 4

ingredienti

4 costolette di spalla di agnello

2 cucchiai di olio di avocado

Sale e pepe nero qb

1 tazza di prezzemolo fresco ben confezionato, tritato

2 cucchiai di origano fresco

1 spicchio d'aglio, tritato finemente

1 cucchiaio di aceto di champagne

1 cucchiaio di succo di limone

1 cucchiaio di paprika affumicata

¼ di cucchiaino di peperoncino tritato in fiocchi

1/3 di tazza di burro salato, morbido

Indicazioni

Preparare un bagnomaria e posizionarvi sopra il sottovuoto. Impostare a 132 F. Condire l'agnello con sale e pepe e metterlo in un sacchetto sigillabile sottovuoto. Rilasciare l'aria con il metodo dello spostamento dell'acqua, sigillare e immergere la sacca nel bagnomaria. Cuocere per 2 ore.

Unire bene in una ciotola il prezzemolo, l'aglio, l'origano, l'aceto di champagne, la paprika, il succo di limone, i fiocchi di peperoncino, il pepe nero, il sale e il burro morbido. Lasciar raffreddare in frigorifero.

Una volta che il timer si è fermato, rimuovere l'agnello e asciugare. Condire con sale e pepe. Scaldare l'olio di avocado in una padella a fuoco vivace e rosolare l'agnello per qualche minuto su tutti i lati. Completare con il condimento al burro e servire.

Stinco di Agnello con Verdure e Salsa Dolce

Tempo di preparazione + cottura: 48 ore 45 minuti | Porzioni: 4

ingredienti

4 stinchi di agnello

2 cucchiai di olio

2 tazze di farina per tutti gli usi

1 cipolla rossa, affettata

4 spicchi d'aglio, schiacciati e pelati

4 carote, tagliate a cubetti medi

4 gambi di sedano, a dadini medi

3 cucchiai di concentrato di pomodoro

½ tazza di aceto di vino di sherry

1 tazza di vino rosso

¾ tazza di miele

1 tazza di brodo di manzo

4 rametti di rosmarino fresco

2 foglie di alloro

Sale e pepe nero qb

Indicazioni

Preparare un bagnomaria e inserire il Sous Vide. Impostato su 155 F.

Scaldare l'olio in una padella a fuoco alto. Condire gli stinchi con sale, pepe e farina. Scottare fino a doratura. Mettere da parte. Abbassa la fiamma e cuoci la cipolla, le carote, l'aglio e il sedano per 10 minuti. Condire con sale e pepe. Mescolare il concentrato di pomodoro e cuocere per ancora 1 minuto. Aggiungere l'aceto, il brodo, il vino, il miele, le foglie di alloro. Cuocere per 2 minuti.

Mettere le verdure, la salsa e gli agnelli in un sacchetto sigillabile sottovuoto. Rilasciare l'aria con il metodo dello spostamento dell'acqua, sigillare e immergere la sacca nel bagnomaria. Cuocere per 48 ore.

Una volta che il timer si è fermato, rimuovere i gambi e asciugarlo. Riserva i succhi di cottura. Rosolare gli stinchi per 5 minuti finché non saranno dorati. Riscaldare una casseruola a fuoco alto e versarvi il sugo di cottura. Cuocere fino a riduzione, per 10 minuti. Trasferire gli stinchi in un piatto e condire con la salsa per servire.

Stufato di pancetta e agnello

Tempo di preparazione + cottura: 24 ore 25 minuti | Porzioni: 6

ingredienti

2 libbre di spalla di agnello disossata, a cubetti

100 g di pancetta, tagliata a listarelle

1 tazza di vino rosso

2 cucchiai di concentrato di pomodoro

1 tazza di brodo di manzo

4 scalogni grandi, tagliati in quarti

4 carotine, tritate

4 gambi di sedano, tritati

3 spicchi d'aglio, schiacciati

1 libbra di patate fingerling, tagliate nel senso della lunghezza

120 g di funghi Portobello secchi

3 rametti di rosmarino fresco

3 rametti di timo fresco

Sale e pepe nero qb

Indicazioni

Preparare un bagnomaria e inserire il Sous Vide. Impostato su 146 F.

Riscaldare una padella a fuoco alto e cuocere la pancetta fino a doratura. Mettere da parte. Condire l'agnello con sale e pepe e rosolarlo nella stessa padella; mettere da parte. Versare il vino e il brodo e cuocere per 5 minuti.

Mettere la miscela di vino, l'agnello, la pancetta, i succhi scottanti, le verdure e le erbe in un sacchetto sigillabile sottovuoto. Rilasciare l'aria con il metodo dello spostamento dell'acqua, sigillare e immergere la sacca nel bagnomaria. Cuocere per 24 ore.

Una volta che il timer si è fermato, togliere la busta e trasferire i succhi di cottura in una casseruola calda a fuoco medio e cuocere per 15 minuti Incorporare l'agnello a rosolare per qualche minuto e servire.

Costolette di agnello al limone pepate con chutney di papaia

Tempo di preparazione + cottura: 1 ora e 15 minuti | Porzioni: 4

ingredienti

8 costolette di agnello

2 cucchiai di olio d'oliva

½ cucchiaino di Garam Masala

¼ di cucchiaino di pepe al limone

Un pizzico di aglio e pepe

Sale e pepe nero qb

½ tazza di yogurt

¼ di tazza di coriandolo fresco, tritato

2 cucchiai di chutney di papaya

1 cucchiaio di curry in polvere

1 cucchiaio di cipolla, tritata finemente

Coriandolo tritato per guarnire

Indicazioni

Preparare un bagnomaria e inserire il Sous Vide. Impostare su 138 F. Spennellare le costolette con olio d'oliva e guarnire con Garam Masala, pepe al limone, aglio in polvere, sale e pepe. Mettere in un sacchetto sigillabile sottovuoto. Rilasciare l'aria con il metodo dello spostamento dell'acqua, sigillare e immergere la sacca nel bagnomaria. Cuocere per 1 ora.

Nel frattempo, prepara la salsa mescolando yogurt, chutney di papaya, coriandolo, curry in polvere e cipolla. Trasferisci su un piatto. Una volta che il timer si è fermato, rimuovere l'agnello e asciugare. Scaldare l'olio rimanente in una padella a fuoco medio e rosolare l'agnello per 30 secondi per lato. Filtrare con una teglia da forno. Servire le costolette con la salsa allo yogurt. Guarnire con il coriandolo.

Spiedini Di Agnello Piccanti

Tempo di preparazione + cottura: 2 ore 20 minuti | Porzioni: 4

ingredienti

1 libbra di coscia di agnello, disossata, a cubetti

2 cucchiai di pasta di peperoncino

1 cucchiaio di olio d'oliva

Sale qb

1 cucchiaino di cumino

1 cucchiaino di coriandolo

½ cucchiaino di pepe nero

yogurt greco

Foglie di menta fresca per servire

Indicazioni

Preparare un bagnomaria e inserire il Sous Vide. Impostare su 134 F. Unire tutti gli ingredienti e metterli in un sacchetto sigillabile sottovuoto. Rilasciare l'aria con il metodo dello spostamento dell'acqua, sigillare e immergere la sacca nel bagnomaria. Cuocere per 2 ore.

Una volta che il timer si è fermato, rimuovere l'agnello e asciugarlo. Trasferire l'agnello su una griglia e cuocere per 5 minuti. Mettere da parte e lasciare riposare per 5 minuti. Servire con yogurt greco e menta.

Agnello alle erbe con verdure

Tempo di preparazione + cottura: 48 ore e 30 minuti | Porzioni: 8)

ingredienti

2 stinchi di agnello, con osso

1 lattina di pomodori a cubetti con succo

1 tazza di brodo di vitello

1 tazza di cipolla, tritata finemente

½ tazza di sedano, tagliato a dadini

½ tazza di carote, finemente tagliata a dadini

½ bicchiere di vino rosso

2 rametti di rosmarino fresco

Sale e pepe nero qb

1 cucchiaino di coria macinata

1 cucchiaino di cumino macinato

1 cucchiaino di timo

Indicazioni

Preparare un bagnomaria e inserire il Sous Vide. Impostato su 149 F.

Unisci tutti gli ingredienti e mettili in un sacchetto sigillabile sottovuoto. Rilasciare l'aria con il metodo dello spostamento dell'acqua, sigillare e immergere la sacca nel bagnomaria. Cuocere per 48 ore.

Una volta che il timer si è fermato, rimuovere i gambi e trasferire su un piatto e lasciare raffreddare per 48 ore. Pulite l'agnello eliminando le ossa e il grasso e tagliatelo a pezzetti. Trasferire i succhi di cottura senza grassi e mordere gli agnelli in una casseruola. Cuocere per 10 minuti a fuoco vivace finché la salsa non si sarà addensata. Servire.

Carré di agnello all'aglio

Tempo di preparazione + cottura: 1 ora e 30 minuti | Porzioni: 4

ingredienti

2 cucchiai di burro

2 rastrelliere di agnello, alla francese

1 cucchiaio di olio d'oliva

1 cucchiaio di olio di sesamo

4 spicchi d'aglio, tritati

4 rametti di basilico fresco, tagliati a metà

Sale e pepe nero qb

Indicazioni

Preparare un bagnomaria e inserire il Sous Vide. Impostare a 130 F. Condire il carré di agnello con sale e pepe. Mettere in un grande sacchetto sigillabile sottovuoto. Rilasciare l'aria con il metodo dello spostamento dell'acqua, sigillare e immergere la sacca nel bagnomaria. Cuocere per 1 ora e 15 minuti.

Una volta che il timer si è fermato, rimuovere la griglia e asciugare tamponando con carta da cucina. Scaldare l'olio di sesamo in una padella a fuoco alto e rosolare la griglia per 1 minuto per lato. Mettere da parte.

Mettere 1 cucchiaio di burro nella padella e aggiungere metà dell'aglio e metà del basilico. In alto sopra il rack. Rosolare la griglia per 1 minuto. Girati e versa altro burro. Ripeti il processo per tutti i rack. Tagliare a pezzi e servire 4 pezzi in ogni piatto.

Rack di agnello in crosta di erbe

Tempo di preparazione + cottura: 3 ore e 30 minuti | Porzioni: 6

Ingredienti:

Rack di agnello:

3 grosse rastrelliere di agnello

Sale e pepe nero qb

1 rametto di rosmarino

2 cucchiai di olio d'oliva

Crosta di erbe:

2 cucchiai di foglie di rosmarino fresco

½ tazza di noci di macadamia

2 cucchiai di senape di Digione

½ tazza di prezzemolo fresco

2 cucchiai di foglie di timo fresco

2 cucchiai di scorza di limone

2 spicchi d'aglio

2 albumi d'uovo

Indicazioni:

Fare un bagnomaria, posizionare il Sous Vide e impostare a 140 F.

Asciugare l'agnello con carta assorbente e strofinare la carne con sale e pepe nero. Mettere una padella a fuoco medio e aggiungere l'olio d'oliva. Una volta riscaldato, rosolare l'agnello su entrambi i lati per 2 minuti; mettere da parte.

Mettere in aglio e rosmarino, tostare per 2 minuti e adagiarvi sopra l'agnello. Lasciate che l'agnello assorba i sapori per 5 minuti.

Mettere l'agnello, l'aglio e il rosmarino in un sacchetto sigillabile sottovuoto, rilasciare l'aria con il metodo dello spostamento dell'acqua e sigillare il sacchetto. Immergi la borsa nel bagnomaria.

Imposta il timer per cuocere per 3 ore. Una volta che il timer si è fermato, rimuovere il sacchetto, aprirlo ed estrarre l'agnello. Montare gli albumi e mettere da parte.

Frulla i restanti ingredienti della crosta di erbe elencati usando un frullatore e mettili da parte. Asciugare l'agnello con carta assorbente e spennellarlo con gli albumi. Immergere nella miscela di erbe e ricoprire delicatamente.

Posizionare le rastrelliere di agnello con la crosta rivolta verso l'alto su una teglia. Cuocere in forno per 15 minuti. Affetta delicatamente ogni cotoletta usando un coltello affilato. Servire con un contorno di purea di verdure.

Spiedini di agnello e ciliegie

Tempo di preparazione + cottura: 8 ore 40 minuti | Porzioni: 6

ingredienti

¾ tazza di aceto di vino bianco

½ tazza di vino rosso secco

2 cipolle, tritate

4 spicchi d'aglio, tritati

Scorza di 2 limoni

6 cucchiai di zucchero di canna

2 cucchiai di semi di cumino, schiacciati

1 cucchiaio di marmellata di ciliegie

1 cucchiaio di farina di mais

1 cucchiaio di curry in polvere

1 cucchiaio di zenzero grattugiato

2 cucchiaini di sale

1 cucchiaino di pimento

1 cucchiaino di cannella in polvere

4 ½ libbre di spalla di agnello, a cubetti

1 cucchiaio di burro

6 cipolline, sbucciate e tagliate a metà

12 ciliegie secche, dimezzate

2 cucchiai di olio d'oliva

Indicazioni

Preparare un bagnomaria e inserire il Sous Vide. Impostato su 141 F.

Unisci bene l'aceto, il vino rosso, le cipolle, l'aglio, la scorza di limone, lo zucchero di canna, i semi di cumino, la marmellata di ciliegie, la farina di mais, il curry in polvere, lo zenzero, il sale, il pimento e la cannella.

Metti l'agnello in un grande sacchetto sigillabile sottovuoto. Rilasciare l'aria con il metodo dello spostamento dell'acqua, sigillare e immergere la sacca nel bagnomaria. Cuocere per 8 ore. Prima di 20 minuti dalla fine, scaldare il burro in una casseruola e rosolare le cipolline per 8 minuti fino a quando non si saranno ammorbidite. Mettere da parte e lasciare raffreddare.

Una volta che il timer si è fermato, rimuovere l'agnello e asciugarlo con carta da cucina. Riservare i succhi di cottura e trasferirli in una casseruola a fuoco medio e cuocere per 10 minuti fino a ridurli della metà. Riempi lo spiedo con tutti gli ingredienti del kebab e arrotolali. Scaldare l'olio d'oliva in una griglia a fuoco alto e cuocere gli spiedini per 45 secondi per lato.

Peperone e Agnello al Curry

Tempo di preparazione + cottura: 30 ore e 30 minuti | Porzioni: 4

ingredienti

2 cucchiai di burro

2 peperoni, tritati

3 spicchi d'aglio, tritati

1 cucchiaino di curcuma

1 cucchiaino di cumino macinato

1 cucchiaino di paprika

1 cucchiaino di zenzero fresco grattugiato

½ cucchiaino di sale

2 baccelli di cardamomo

2 rametti di timo fresco

2 ¼ libbre di carne di agnello disossata, tagliata a cubetti

1 cipolla grande, tritata

3 pomodori, tritati

1 cucchiaino di pimento

2 cucchiai di yogurt greco

1 cucchiaio di coriandolo fresco tritato

Indicazioni

Preparare un bagnomaria e inserire il Sous Vide. Impostare su 179 F. Unire 1 cucchiaio di burro, peperoni, 2 spicchi d'aglio, curcuma, cumino, paprika, zenzero, sale, cardamomo e timo. Mettere l'agnello in un sacchetto sigillabile sottovuoto con il composto di burro. Rilasciare l'aria con il metodo dello spostamento dell'acqua, sigillare e immergere la sacca nel bagnomaria. Cuocere per 30 ore.

Una volta che il timer si è fermato, rimuovere il sacchetto e metterlo da parte. Riscaldare il burro in una casseruola a fuoco vivace. Aggiungere la cipolla e cuocere per 4 minuti. Aggiungere l'aglio rimanente e cuocere ancora per 1 minuto. Abbassate la fiamma e mettete i pomodori e il pimento. Cuocere per 2 minuti. Versare lo yogurt, l'agnello e il sugo di cottura. Cuocere per 10-15 minuti. Guarnire con il coriandolo.

Costolette di Agnello al Formaggio di Capra

Tempo di preparazione + cottura: 4 ore 10 minuti | Porzioni: 2

Ingredienti:

Costolette:

2 mezze rastrelliere di costolette d'agnello

2 cucchiai di olio vegetale

1 spicchio d'aglio, tritato

2 cucchiai di foglie di rosmarino tritate

1 cucchiaio di polline di finocchio

Sale e pepe nero qb

½ cucchiaino di pepe di cayenna

Per guarnire:

250 g di formaggio di capra, sbriciolato

60 g di noci tostate, tritate

3 cucchiai di prezzemolo tritato

Indicazioni:

Fare un bagnomaria, inserire il Sous Vide e impostare a 134 F. Mescolare gli ingredienti di agnello elencati tranne l'agnello. Asciugare l'agnello con uno strofinaccio da cucina e strofinare con la miscela di spezie. Mettere la carne in un sacchetto sigillabile sottovuoto, rilasciare aria con il metodo dello spostamento dell'acqua, sigillare e immergere il sacchetto nel bagnomaria. Imposta il timer per 4 ore.

Una volta che il timer si è fermato, rimuovere l'agnello. Preriscaldare una griglia a fuoco vivace e aggiungere l'olio. Scottare l'agnello fino a doratura. Taglia le costole tra le ossa. Guarnire con formaggio di capra, noci e prezzemolo. Servire con una salsa piccante.

Spalla di Agnello

Tempo di preparazione + cottura: 4 ore 10 minuti | Porzioni: 3

Ingredienti:

1 libbra di spalla di agnello, disossata

Sale e pepe nero qb

2 cucchiai di olio d'oliva

1 spicchio d'aglio, schiacciato

1 rametto di timo

1 rametto di Sosmarino

Indicazioni:

Preparare un bagnomaria e inserire il Sous Vide. Impostare a 145 F. Asciugare le spalle di agnello con un tovagliolo di carta e strofinare con pepe e sale.

Mettere l'agnello e gli altri ingredienti elencati in un sacchetto sigillabile sottovuoto. Rilasciare l'aria con il metodo dello spostamento dell'acqua, sigillare e immergere la sacca nel bagnomaria. Imposta il timer per 4 ore.

Una volta fatto, rimuovere la busta e trasferire le spalle di agnello nella teglia. Filtrare i succhi in una casseruola e cuocere a fuoco medio per 2 minuti. Preriscaldare una griglia per 10 minuti e grigliare la spalla fino a quando non diventa dorata e croccante. Servire la spalla di agnello e la salsa con un contorno di verdure imburrate.

Jalapeño Agnello Arrosto

Tempo di preparazione + cottura: 3 ore | Porzioni: 6

Ingredienti:

1 ½ cucchiaio di olio di canola

1 cucchiaio di semi di senape nera

1 cucchiaino di semi di cumino

Sale e pepe nero qb

4 libbre di coscia di agnello butterflied

½ tazza di foglie di menta tritate

½ tazza di foglie di coriandolo tritate

1 scalogno, tritato

1 spicchio d'aglio, tritato

2 jalapenos rossi, tritati

1 cucchiaio di aceto di vino rosso

1 ½ cucchiaio di olio d'oliva

Indicazioni:

Metti una padella a fuoco basso su un fornello. Aggiungere ½ cucchiaio di olio d'oliva; una volta che si è riscaldato, aggiungere il cumino ei semi di senape e cuocere per 1 minuto. Spegnere il fuoco e trasferire i semi in una ciotola. Cospargere di sale e pepe nero. Mescolare. Distribuire metà del composto di spezie all'interno della coscia di agnello e arrotolarla. Fissalo con uno spago da macellaio a intervalli di 2,5 cm.

Condire con sale e pepe e massaggiare. Distribuire metà della miscela di spezie in modo uniforme sulla coscia di agnello, quindi arrotolarla con cura. Fai un bagnomaria e mettici dentro Sous Vide. Impostare su 145 F. Posizionare la coscia di agnello in un sacchetto sigillabile sottovuoto, rilasciare l'aria con il metodo dello spostamento dell'acqua, sigillarla e immergerla nel bagnomaria. Impostare il timer per 2 ore e 45 minuti e cuocere.

Prepara la salsa; aggiungere alla miscela di senape e cumino lo scalogno, il coriandolo, l'aglio, l'aceto di vino rosso, la menta e il peperoncino rosso. Mescolare e condire con sale e pepe. Mettere da parte. Una volta che il timer si è fermato, rimuovere e aprire il sacchetto. Rimuovere l'agnello e asciugarlo tamponando con carta assorbente.

Aggiungere l'olio di canola a una ghisa, preriscaldare a fuoco alto per 10 minuti. Mettere nell'agnello e rosolare fino a dorare su entrambi i lati. Rimuovere lo spago e affettare l'agnello. Servire con salsa.

Costolette di agnello alla griglia con timo e salvia

Tempo di preparazione + cottura: 3 ore 20 minuti | Porzioni: 6

ingredienti

6 cucchiai di burro

4 cucchiai di vino bianco secco

4 cucchiai di brodo di pollo

4 rametti di timo fresco

2 spicchi d'aglio, tritati

1½ cucchiaino di salvia fresca tritata

1½ cucchiaino di cumino

6 costolette di agnello

Sale e pepe nero qb

2 cucchiai di olio d'oliva

Indicazioni

Preparare un bagnomaria e inserire il Sous Vide. Impostato su 134 F.

Riscaldare una pentola a fuoco medio e unire burro, vino bianco, brodo, timo, aglio, cumino e salvia. Cuocere per 5 minuti. Lasciar raffreddare. Condire l'agnello con sale e pepe. Mettere in tre buste sigillabili sottovuoto con il composto di burro. Rilasciare l'aria con il metodo dello spostamento dell'acqua, sigillare e immergere i sacchetti nel bagnomaria. Cuocere per 3 ore.

Una volta fatto, togliere l'agnello e asciugarlo tamponando con carta da cucina. Spennellare le costolette con olio d'oliva. Riscaldare una padella a fuoco alto e rosolare l'agnello per 45 secondi per lato. Lasciar riposare per 5 minuti.

Costolette di Agnello con Basilico Chimichurri

Tempo di preparazione + cottura: 3 ore 40 minuti | Porzioni: 4

Ingredienti:

Costolette di agnello:

3 rastrelliere di agnello, alla francese

3 spicchi d'aglio, schiacciati

Sale e pepe nero qb

Basilico Chimichurri:

1 ½ tazza di basilico fresco, tritato finemente

2 scalogni di banana, tagliati a dadini

3 spicchi d'aglio, tritati

1 cucchiaino di fiocchi di peperone rosso

½ tazza di olio d'oliva

3 cucchiai di aceto di vino rosso

Sale e pepe nero qb

Indicazioni:

Preparare un bagnomaria e inserire il Sous Vide. Impostare a 140 F. Asciugare le griglie con un canovaccio e strofinare con pepe e sale. Mettere la carne e l'aglio in un sacchetto sigillabile sottovuoto, rilasciare l'aria con il metodo dello spostamento dell'acqua e sigillare il sacchetto. Immergi la borsa nel bagnomaria. Imposta il timer per 2 ore e cuoci.

Prepara i chimichurri al basilico: mescola tutti gli ingredienti elencati in una ciotola. Coprire con pellicola e conservare in frigorifero per 1 ora e 30 minuti. Una volta che il timer si è fermato, rimuovere la borsa e aprirla. Rimuovere l'agnello e asciugarlo tamponando con carta assorbente. Scottare con una torcia a marrone dorato. Versare il basilico chimichurri sull'agnello. Servire con un contorno di verdure al vapore.

Spiedini di agnello salati Harissa

Tempo di preparazione + cottura: 2 ore e 30 minuti | Porzioni: 10

ingredienti

3 cucchiai di olio d'oliva

4 cucchiaini di aceto di vino rosso

2 cucchiai di pasta di peperoncino

2 spicchi d'aglio, tritati

1½ cucchiaino di cumino macinato

1½ cucchiaino di coriandolo macinato

1 cucchiaino di paprika piccante

Sale qb

1 ½ libbra di spalla di agnello disossata, tagliata a cubetti

1 cetriolo, sbucciato e tritato

Scorza e succo di ½ limone

1 tazza di yogurt alla greca

Indicazioni

Preparare un bagnomaria e inserire il Sous Vide. Impostare su 134 F. Unire 2 cucchiai di olio d'oliva, aceto, peperoncino, aglio, cumino, coriandolo, paprika e sale. Mettere l'agnello e la salsa in un sacchetto sigillabile sottovuoto. Rilasciare l'aria con il metodo dello spostamento dell'acqua, sigillare e immergere la sacca nella vasca da bagno. Cuocere per 2 ore.

Una volta che il timer si è fermato, rimuovere l'agnello e asciugarlo con carta da cucina. Scartare i succhi di cottura. Mescola il cetriolo, la scorza e il succo di limone, lo yogurt e l'aglio schiacciato in una piccola ciotola. Mettere da parte. Riempite lo spiedo con l'agnello e arrotolatelo.

Scaldare l'olio in una padella a fuoco vivace e cuocere lo spiedino per 1-2 minuti per lato. Condire con la salsa al limone e aglio e servire.

Maiale alla senape dolce con cipolle croccanti

Tempo di preparazione + cottura: 48 ore 40 minuti | Porzioni: 6

ingredienti

1 cucchiaio di ketchup

4 cucchiai di senape al miele

2 cucchiai di salsa di soia

2¼ libbre di spalla di maiale

1 cipolla dolce grande, tagliata a rondelle sottili

2 tazze di latte

1 tazza e mezzo di farina per tutti gli usi

2 cucchiaini di cipolla granulata in polvere

1 cucchiaino di paprika

Sale e pepe nero qb

4 tazze di olio vegetale, per friggere

Indicazioni

Preparare un bagnomaria e inserire il Sous Vide. Impostato su 159 F.

Unisci bene la senape, la salsa di soia e il ketchup per fare una pasta. Spennellate la carne di maiale con la salsa e mettetela in un sacchetto sigillabile sottovuoto. Rilasciare l'aria con il metodo dello spostamento dell'acqua, sigillare e immergere la sacca nel bagnomaria. Cuocere per 48 ore.

Per fare le cipolle: separare gli anelli di cipolla in una ciotola. Versare sopra il latte e lasciar raffreddare per 1 ora. Unire la farina, la cipolla in polvere, la paprika e un pizzico di sale e pepe.

Scaldare l'olio in una padella a 375 F. Scolare le cipolle e farle appassire nella miscela di farina. Agita bene e trasferisci nella padella. Friggerle per 2 minuti o finché non diventano croccanti. Trasferire su una teglia da forno e asciugare tamponando con carta da cucina. Ripeti il processo con le cipolle rimanenti.

Una volta che il timer si è fermato, rimuovere la carne di maiale e trasferirla su un tagliere e tirare la carne di maiale fino a quando non è sminuzzata. Riservare i succhi di cottura e trasferirli in una casseruola calda a fuoco medio e cuocere per 5 minuti fino a quando non si saranno ridotti. Condire il maiale con la salsa e guarnire con le cipolle croccanti per servire.

Deliziose braciole di maiale al basilico e limone

Tempo di preparazione + cottura: 1 ora e 15 minuti | Porzioni: 4

ingredienti

4 cucchiai di burro

4 costolette di maiale disossate

Sale e pepe nero qb

Scorza e succo di 1 limone

2 spicchi d'aglio, schiacciati

2 foglie di alloro

1 rametto di basilico fresco

Indicazioni

Preparare un bagnomaria e inserire il Sous Vide. Impostare su 141 F Condire le costolette con sale e pepe.

Mettere le costolette con la scorza e il succo di limone, l'aglio, le foglie di alloro, il basilico e 2 cucchiai di burro in un sacchetto sigillabile sottovuoto. Rilasciare l'aria con il metodo dello spostamento dell'acqua, sigillare e immergere la sacca nel bagnomaria. Cuocere per 1 ora.

Una volta che il timer si è fermato, rimuovere le costolette e asciugarle con carta da cucina. Riserva le erbe. Riscaldare il burro rimanente in una padella a fuoco medio e rosolare per 1-2 minuti per lato.

Costolette con salsa cinese

Tempo di preparazione + cottura: 4 ore 25 minuti | Porzioni: 4

ingredienti

1/3 di tazza di salsa hoisin

1/3 di tazza di salsa di soia scura

1/3 di tazza di zucchero

3 cucchiai di miele

3 cucchiai di aceto bianco

1 cucchiaio di pasta di fagioli fermentati

2 cucchiaini di olio di sesamo

2 spicchi d'aglio schiacciati

Zenzero fresco grattugiato da 1 pollice

1 ½ cucchiaino di cinque spezie in polvere

Sale qb

½ cucchiaino di pepe nero macinato fresco

3 libbre di costole posteriori del bambino

Foglie di coriandolo per servire

Indicazioni

Preparare un bagnomaria e inserire il Sous Vide. Impostato su 168 F.

Unire in una ciotola salsa hoisin, salsa di soia scura, zucchero, aceto bianco, miele, pasta di fagioli, olio di sesamo, polvere di cinque spezie, sale, zenzero, pepe bianco e nero. Riserva 1/3 della miscela e lascia raffreddare.

Spennellate le costine con il composto e dividetele in 3 buste sigillabili sottovuoto. Rilasciare l'aria con il metodo dello spostamento dell'acqua, sigillare e immergere i sacchetti nel bagnomaria. Cuocere per 4 ore.

Preriscaldare il forno a 400 F.Una volta che il timer si è fermato, rimuovere le costole e spennellare con il composto rimanente. Trasferire su una teglia e infornare. Infornate per 3 minuti. Estrarre e lasciare riposare per 5 minuti. Taglia la griglia e guarnisci con il coriandolo.

Stufato di maiale e fagioli

Tempo di preparazione + cottura: 7 ore 20 minuti | Porzioni: 8)

ingredienti

2 cucchiai di olio vegetale

1 cucchiaio di burro

1 lonza di maiale rifilata, a cubetti

Sale e pepe nero qb

2 tazze di cipolline surgelate

2 pastinache grandi, tritate

2 spicchi d'aglio tritati

2 cucchiai di farina 00

1 tazza di vino bianco secco

2 tazze di brodo di pollo

1 barattolo di fagioli bianchi, scolati e sciacquati

4 rametti di rosmarino fresco

2 foglie di alloro

Indicazioni

Preparare un bagnomaria e inserire il Sous Vide. Impostato su 138 F.

Scaldare una padella antiaderente a fuoco vivace con burro e olio. Aggiungi il maiale. Condite con pepe e sale. Cuocere per 7 minuti. Aggiungere le cipolle e cuocere per 5 minuti. Mescolare l'aglio e il vino fino a quando bolle. Mescolare i fagioli, il rosmarino, il brodo e le foglie di alloro. Togli dal fuoco.

Metti la carne di maiale in un sacchetto sigillabile sottovuoto. Rilasciare l'aria con il metodo dello spostamento dell'acqua, sigillare e immergere la sacca nel bagnomaria. Cuocere per 7 ore. Una volta che il timer si è fermato, rimuovere il sacchetto e trasferirlo in una ciotola. Guarnire con il rosmarino.

Costolette di Maiale Jerk

Tempo di preparazione + cottura: 20 ore 10 minuti | Porzioni: 6

Ingredienti:

5 libbre (2) costolette di maiale alla schiena del bambino, scaffali pieni
½ tazza di miscela di condimento jerk

Indicazioni:

Fare un bagnomaria, inserire il Sous Vide e impostare a 145 F. Tagliare le griglie a metà e condirle con metà del condimento jerk. Posizionare i rack in rack sigillati sottovuoto separati. Rilasciare l'aria con il metodo dello spostamento dell'acqua, sigillare e immergere i sacchetti nel bagnomaria. Imposta il timer su 20 ore.

Coprire il bagnomaria con un sacchetto per ridurre l'evaporazione e aggiungere acqua ogni 3 ore per evitare che l'acqua si secchi. Una volta che il timer si è fermato, rimuovere e aprire il sacchetto. Trasferisci le costolette su una teglia da forno sventata e preriscalda una griglia al massimo. Strofinare le costine con il restante condimento jerk e metterle nella griglia. Griglia per 5 minuti. Tagliare a costine singole.

Costolette di Maiale con Aceto Balsamico

Tempo di preparazione + cottura: 1 ora e 15 minuti | Porzioni: 5

Ingredienti:

2 libbre di costolette di maiale

3 spicchi d'aglio, schiacciati

½ cucchiaino di basilico essiccato

½ cucchiaino di timo essiccato

¼ di tazza di aceto balsamico

Sale e pepe nero qb

3 cucchiai di olio extravergine di oliva

Indicazioni:

Preparare un bagnomaria, inserire il sottovuoto e impostare a 158 F. Condire generosamente le costolette di maiale con sale e pepe; mettere da parte.

In una piccola ciotola, unisci l'aceto con 1 cucchiaio di olio d'oliva, timo, basilico e aglio. Mescolate bene e distribuite il composto uniformemente sulla carne. Mettere in un grande sacchetto sigillabile sottovuoto e sigillarlo. Immergere la busta sigillata nel bagnomaria e cuocere per 1 ora.

Una volta che il timer si è fermato, togli le costolette di maiale dalla busta e asciugale tamponando. Riscaldare il restante olio d'oliva in una padella di medie dimensioni a fuoco alto. Rosola le costolette per un minuto per lato o finché non diventano dorate. Aggiungere i succhi di cottura e cuocere a fuoco lento per 3-4 minuti o fino a quando non si sarà addensato.

Costine di maiale disossate con salsa di cocco e arachidi

Tempo di preparazione + cottura: 8 ore e 30 minuti | Porzioni: 3

Ingredienti:

½ tazza di latte di cocco

2 ½ cucchiai di burro di arachidi

2 cucchiai di salsa di soia

1 cucchiaio di zucchero

3 pollici di citronella fresca

1 ½ cucchiaio di salsa di peperoni

1 ½ pollice di zenzero, sbucciato

3 spicchi d'aglio

2 ½ cucchiaini di olio di sesamo

350 g di costolette di maiale disossate

Indicazioni:

Preparare un bagnomaria e posizionarvi sopra il sottovuoto. Impostare su 135 F. Frullare tutti gli ingredienti elencati in un frullatore, ad eccezione delle costine di maiale e del coriandolo, fino a ottenere una pasta liscia.

Mettere le costine in un sacchetto sigillabile sottovuoto e aggiungerle alla salsa. Rilasciare l'aria con il metodo dello spostamento dell'acqua e sigillare il sacchetto. Mettere a bagnomaria e impostare il timer per 8 ore.

Una volta che il timer si è fermato, estrai il sacchetto, aprilo e rimuovi le costole. Trasferisci in un piatto e tienilo al caldo. Mettere una padella a fuoco medio e versarvi la salsa della busta. Portare a ebollizione per 5 minuti, abbassare la fiamma e cuocere a fuoco lento per 12 minuti.

Aggiungere le costolette e ricoprire con la salsa. Fai bollire per 6 minuti. Servire con un contorno di verdure al vapore.

Filetto di maiale al lime e aglio

Tempo di preparazione + cottura: 2 ore e 15 minuti | Porzioni: 2

Ingredienti:

2 cucchiai di aglio in polvere

2 cucchiai di cumino macinato

2 cucchiai di timo essiccato

2 cucchiai di rosmarino essiccato

1 pizzico di lime e sale marino

2 (3 libbre) di filetto di maiale, senza pelle argentata

2 cucchiai di olio d'oliva

3 cucchiai di burro non salato

Indicazioni:

Fare un bagnomaria, inserire il Sous Vide e impostare a 140 F. Aggiungere il cumino, l'aglio in polvere, il timo, il sale al lime, il rosmarino e il sale al lime in una ciotola e mescolare uniformemente. Spennellare il maiale con olio d'oliva e strofinare con sale e miscela di erbe di cumino.

Mettere la carne di maiale in due buste richiudibili sottovuoto separate. Rilasciare l'aria con il metodo dello spostamento dell'acqua e sigillare i sacchetti. Immergere nel bagnomaria e impostare il timer per 2 ore.

Una volta che il timer si è fermato, rimuovere e aprire il sacchetto. Rimuovere la carne di maiale e asciugare tamponando con un tovagliolo di carta. Getta il succo nella busta. Preriscaldare una padella di ghisa a fuoco vivace e aggiungere il burro. Mettere nel maiale e rosolare fino a doratura. Lascia riposare il maiale su un tagliere. Tagliarli a medaglioni da 2 pollici.

Costolette di maiale al barbecue

Tempo di preparazione + cottura: 1 ora e 10 minuti | Porzioni: 4

Ingredienti:

1 libbra di costolette di maiale

1 cucchiaino di aglio in polvere

Sale e pepe nero qb

1 tazza di salsa barbecue

Indicazioni:

Fare un bagnomaria, inserire Sous Vide e impostare a 140 F. Strofinare sale e pepe sulle costine di maiale, metterle in un sacchetto sigillabile sottovuoto, rilasciare aria e sigillare. Metti in acqua e imposta il timer su 1 ora.

Una volta che il timer si è fermato, rimuovere e aprire il sacchetto. Rimuovere le costolette e ricoprire con salsa barbecue. Mettere da parte. Preriscalda una griglia. Una volta caldo, rosolare le costine tutt'intorno per 5 minuti. Servire con un tuffo a scelta.

Filetto d'acero con mela saltata

Tempo di preparazione + cottura: 2 ore 20 minuti | Porzioni: 4

ingredienti

Filetto di maiale da 1 libbra

1 cucchiaio di rosmarino fresco tritato

1 cucchiaio di sciroppo d'acero

1 cucchiaino di pepe nero

Sale qb

1 cucchiaio di olio d'oliva

1 mela, a dadini

1 scalogno piccolo tagliato a fettine sottili

¼ di tazza di brodo vegetale

½ cucchiaino di sidro di mele

Indicazioni

Preparare un bagnomaria e inserire il Sous Vide. Impostare a 135 F. Rimuovere la pelle dal filetto e tagliarla a metà. Unisci il rosmarino, lo sciroppo d'acero, il pepe macinato e 1 cucchiaio di sale. Cospargere il filetto. Mettere in un sacchetto sigillabile sottovuoto. Rilasciare l'aria con il metodo dello spostamento dell'acqua, sigillare e immergere la sacca nel bagnomaria. Cuocere per 2 ore.

Una volta che il timer si è fermato, rimuovere il sacchetto e asciugarlo. Riserva i succhi di cottura. Scaldare l'olio d'oliva in una padella a fuoco medio e rosolare il filetto per 5 minuti. Mettere da parte.

Abbassa la fiamma e aggiungi la mela, le molle di rosmarino e lo scalogno. Condire con sale e rosolare per 2-3 minuti fino a doratura. Aggiungere l'aceto, il brodo e i succhi di cottura. Fai sobbollire per altri 3-5 minuti. Tagliare il filetto a medaglioni e servire con il composto di mele.

Pancia Di Maiale Alla Paprika Affumicata

Tempo di preparazione + cottura: 24 ore 15 minuti | Porzioni: 8

Ingredienti:

1 libbra di pancetta di maiale

½ cucchiaio di paprika affumicata

½ cucchiaino di aglio in polvere

1 cucchiaino di coriandolo

½ cucchiaino di peperoncino in scaglie

Sale e pepe nero qb

Indicazioni:

Preparare un bagnomaria e posizionarvi sopra il sottovuoto. Impostare a 175 F. Unire tutte le spezie in una piccola ciotola e strofinare questa miscela nella pancetta di maiale. Mettere la miscela in un sacchetto sigillabile sottovuoto. Rilasciare l'aria con il metodo dello spostamento dell'acqua, sigillare e immergere la sacca a bagnomaria. Imposta il timer per 24 ore.

Una volta fatto, togliete il sacchetto e trasferite il liquido di cottura in una casseruola e adagiate la pancetta su un piatto. Cuocere a fuoco lento il liquido di cottura fino a ridurlo della metà. Cospargere il maiale e servire.

Tacos Di Maiale Carnitas

Tempo di preparazione + cottura: 3 ore 10 minuti | Porzioni: 4

Ingredienti:

2 libbre di spalla di maiale

3 spicchi d'aglio, tritati

2 foglie di alloro

1 cipolla, tritata

Sale e pepe nero qb

Tortillas di mais

Indicazioni:

Preparare un bagnomaria e inserire il Sous Vide. Impostato su 185 F.

Nel frattempo, unisci tutte le spezie e strofina il composto sul maiale. Metterlo in un sacchetto sigillabile sottovuoto con le foglie di alloro, le cipolle e l'aglio. Rilasciare l'aria con il metodo dello spostamento dell'acqua, sigillare e immergere la sacca a bagnomaria. Imposta il timer per 3 ore.

Una volta fatto, trasferire su un tagliere e sminuzzare con 2 forchette. Dividete tra le tortillas di mais e servite.

Maiale saporito con glassa di senape e melassa

Tempo di preparazione + cottura: 4 ore 15 minuti | Porzioni: 6

ingredienti

2 libbre di lonza di maiale arrosto

1 foglia di alloro

3 once di melassa

½ oz salsa di soia

½ oz di miele

Succo di 2 limoni

2 strisce di scorza di limone

4 scalogni tritati

½ cucchiaino di aglio in polvere

¼ di cucchiaino di senape di Digione

¼ di cucchiaino di pimento macinato

1 oz di patatine di mais tritate

Indicazioni

Preparare un bagnomaria e inserire il Sous Vide. Impostato su 142 F.

Mettere la lonza di maiale e la foglia di alloro in un sacchetto sigillabile sottovuoto. Aggiungere la melassa, la salsa di soia, la scorza di limone, il miele, lo scalogno, l'aglio in polvere, la senape e il pimento e agitare bene. Rilasciare l'aria con il metodo dello spostamento dell'acqua, sigillare e immergere la sacca nel bagnomaria. Cuocere per 4 ore.

Una volta che il timer si è fermato, rimuovere la borsa. Versare il composto rimanente in una casseruola e far bollire fino a quando non si sarà ridotto. Servire il maiale con la salsa e guarnire con patatine di mais schiacciate. Guarnire con cipolla verde.

Collo di maiale arrosto

Tempo di preparazione + cottura: 1 ora e 20 minuti | Porzioni: 8

Ingredienti:

2 libbre di collo di maiale, disossato e tagliato in 2

4 cucchiai di olio d'oliva

2 cucchiaini di salsa di soia

2 cucchiai di salsa barbecue

½ cucchiaio di zucchero

4 rametti di rosmarino, privati delle foglie

4 rametti di timo, le foglie rimosse

2 spicchi d'aglio, tritati

Sale e pepe bianco qb

¼ di cucchiaino di fiocchi di peperone rosso

Indicazioni:

Fare un bagnomaria, inserire il Sous Vide e impostare a 140 F. Strofinare sale e pepe sulla carne di maiale. Mettere la carne in 2 buste richiudibili sottovuoto separate, rilasciare aria e sigillarle. Mettere a bagnomaria e impostare il timer per 1 ora.

Una volta che il timer si è fermato, rimuovere e aprire i sacchetti. Mescola i restanti ingredienti elencati. Preriscaldare il forno a 425 F. Mettere il maiale su una teglia e strofinare generosamente la miscela di salsa di soia nel maiale. Cuocere in forno per 15 minuti. Lascia raffreddare il maiale prima di affettarlo. Servire con un contorno di verdure al vapore.

Costolette di maiale

Tempo di preparazione + cottura: 12 ore 10 minuti | Porzioni: 4

Ingredienti:

1 griglia di costolette di maiale

2 cucchiai di zucchero di canna

½ tazza di salsa barbecue

1 cucchiaio di aglio in polvere

2 cucchiai di paprika

Sale e pepe nero qb

1 cucchiaio di cipolla in polvere

Indicazioni:

Preparare un bagnomaria e inserire il Sous Vide. Impostare a 165 F. Mettere la carne di maiale insieme alle spezie in un sacchetto sigillabile sottovuoto. Rilasciare l'aria con il metodo dello spostamento dell'acqua, sigillare e immergere la sacca a bagnomaria. Imposta il timer per 12 ore.

Una volta che il timer si è fermato, rimuovere le costolette dalla busta e cespugli con salsa barbecue. Avvolgere in un foglio di alluminio e posizionare sotto la griglia per alcuni minuti. Servite subito.

Costolette di Maiale al Timo

Tempo di preparazione + cottura: 70 minuti | Porzioni: 4

Ingredienti:

4 costolette di maiale

2 cucchiaini di timo fresco

1 cucchiaio di olio d'oliva

Sale e pepe nero qb

Indicazioni:

Preparare un bagnomaria e inserire il Sous Vide. Impostare su 145 F. Unire la carne di maiale con gli altri ingredienti in un sacchetto sigillabile sottovuoto. Rilasciare l'aria con il metodo dello spostamento dell'acqua, sigillare e immergere la sacca a bagnomaria. Imposta il timer per 60 minuti. Una volta fatto, togliete il sacchetto e rosolatelo in padella per qualche secondo per lato per servire.

Costolette con sidro e salvia

Tempo di preparazione + cottura: 70 minuti | Porzioni: 2

iongredients

2 costolette di maiale

1 rametto di rosmarino tritato

Sale e pepe nero qb

1 spicchio d'aglio tritato

1 tazza di sidro duro, diviso

1 cucchiaino di salvia

1 cucchiaio di olio vegetale

1 cucchiaio di zucchero

Indicazioni

Preparare un bagnomaria e inserire il Sous Vide. Impostato su 138 F.

In una ciotola, unisci sale, pepe, salvia, rosmarino e aglio. Strofinare le costolette con questa miscela e metterle in un sacchetto sigillabile sottovuoto. Aggiungi 1/4 tazza di sidro duro. Rilasciare l'aria con il metodo dello spostamento dell'acqua, sigillare e immergere la sacca nel bagnomaria. Cuocere per 45 minuti.

Una volta fatto, rimuovi la borsa. Scaldare l'olio in una padella a fuoco medio e cuocere le verdure. Aggiungere le costolette e rosolare fino a doratura. Lascia riposare per 5 minuti. Versare i succhi di cottura nella padella insieme a 1 tazza di sidro e zucchero. Continua a mescolare finché non si scioglie. Per servire, guarnire le costolette con la salsa.

Filetto di maiale al rosmarino

Tempo di preparazione + cottura: 2 ore e 15 minuti | Porzioni: 4

Ingredienti:

Filetto di maiale da 1 libbra

2 spicchi d'aglio

2 rametti di rosmarino

1 cucchiaio di rosmarino essiccato

Sale e pepe nero qb

1 cucchiaio di olio d'oliva

Indicazioni:

Preparare un bagnomaria e inserire il Sous Vide. Impostare a 140 F. Condire la carne con sale, rosmarino e pepe e metterla in un sacchetto sigillabile sottovuoto con dentro l'aglio e la molla di rosmarino. Rilasciare l'aria con il metodo dello spostamento dell'acqua, sigillare e immergere la sacca a bagnomaria. Imposta il timer per 2 ore.

Una volta che il timer si è fermato, rimuovere la borsa. Scaldare l'olio in una padella a fuoco medio. Rosolare la carne su tutti i lati per circa 2 minuti.

Pancetta alla Paprika con Cipolline

Tempo di preparazione + cottura: 1 ora e 50 minuti | Porzioni: 4

ingredienti

1 libbra di cipolline, sbucciate

4 fette di pancetta, sbriciolate e cotte

1 cucchiaio di timo

1 cucchiaino di paprika

Indicazioni

Preparare un bagnomaria e posizionarvi sopra il sottovuoto. Impostare su 186 F. Mettere la pancetta, le cipolline, il timo e la paprika in un sacchetto sigillabile sottovuoto. Rilasciare l'aria con il metodo dello spostamento dell'acqua, sigillare e immergere il sacchetto nella vasca da bagno. Cuocere per 90 minuti. Una volta fatto, rimuovere la busta e scartare i succhi di cottura.

Costolette di maiale al pomodoro con purea di patate

Tempo di preparazione + cottura: 5 ore 40 minuti | Porzioni: 4

ingredienti

Costolette di maiale senza pelle da 1 libbra

Sale e pepe nero qb

1 tazza di brodo di manzo

½ tazza di salsa di pomodoro

1 gambo di sedano, tagliato a dadi da 1 pollice

1 scalogno tagliato in quarti

3 rametti di timo fresco

1 oz di purè di patate rosse

Indicazioni

Preparare un bagnomaria e inserire il Sous Vide. Impostato su 182 F.

Cospargere le costolette con sale e pepe, quindi metterle in un sacchetto sigillabile sottovuoto. Aggiungere il brodo, la salsa di pomodoro, lo scalogno, il whisky, il sedano e il timo. Rilasciare l'aria con il metodo dello spostamento dell'acqua, sigillare e immergere la sacca nel bagnomaria. Cuocere per 5 ore.

Una volta che il timer si è fermato, rimuovere le costolette e trasferirle su un piatto. Riserva i liquidi di cottura. Scaldare una casseruola a fuoco vivace e versarvi il sugo scolato; lasciate cuocere a fuoco lento. Abbassa la fiamma e mescola per 20 minuti. Quindi aggiungere le costolette e cuocere per altri 2-3 minuti. Servire con purea di patate.

Toast con uova e pancetta croccante

Tempo di preparazione + cottura: 70 minuti | Porzioni: 2

ingredienti

4 tuorli d'uovo grandi

2 fette di pancetta

4 fette di pane tostato

Indicazioni

Preparare un bagnomaria e inserire il Sous Vide. Impostare su 143 F. Mettere i tuorli d'uovo in un sacchetto sigillabile sottovuoto. Rilasciare l'aria con il metodo dello spostamento dell'acqua, sigillare e immergere la sacca a bagnomaria. Cuocere per 60 minuti.

Nel frattempo, tagliare la pancetta a fette e friggerla fino a renderla croccante. Trasferisci su una teglia da forno. Una volta che il timer si è fermato, rimuovere i tuorli e trasferirli sul pane tostato. Completare con la pancetta e servire.

Filetto piccante con salsa dolce di papaya

Tempo di preparazione + cottura: 2 ore 45 minuti | Porzioni: 4

iongredients

¼ di tazza di brodo leggero di zucchero

1 cucchiaio di pimento macinato

½ cucchiaino di pepe di cayenna

¼ di cucchiaino di cannella in polvere

¼ di cucchiaino di chiodi di garofano macinati

Sale e pepe nero qb

2 libbre di filetto di maiale

2 cucchiai di olio di canola

2 papaie snocciolate e sbucciate, tagliate a dadini

¼ di tazza di coriandolo fresco, tritato

1 peperone rosso, privato dei semi, del gambo e tagliato a dadini

3 cucchiai di cipolla rossa, tritata finemente

2 cucchiai di succo di lime

1 peperoncino jalapeño piccolo, privato dei semi e tagliato a dadini

Indicazioni

Preparare un bagnomaria e inserire il Sous Vide. Impostare su 135 F. Unire lo zucchero, il pimento, la cannella, il pepe di Caienna, i chiodi di garofano, il cumino, il sale e il pepe. Cospargere il filetto.

Scaldare l'olio in una padella a fuoco medio e rosolare il filetto per 5 minuti. Trasferire in un piatto e lasciar riposare per 10 minuti. Mettere in un sacchetto sigillabile sottovuoto. Rilasciare l'aria con il metodo dello spostamento dell'acqua, sigillare e immergere la sacca a bagnomaria. Cuocere per 2 ore.

Una volta che il timer si è fermato, rimuovere il filetto e lasciare riposare per 10 minuti. Affettali. Per la salsa, mescola la papaya, il coriandolo, il peperone, la cipolla, il succo di lime e il jalapeño. Servire il filetto e guarnire con la salsa. Cospargere di sale e pepe e servire.

Gustose patate e pancetta con scalogno

Tempo di preparazione + cottura: 1 ora e 50 minuti | Porzioni: 6

ingredienti

1 ½ libbra di patate ruggine, a fette

½ tazza di brodo di pollo

Sale e pepe nero qb

100 g di pancetta tagliata a strisce spesse

½ tazza di cipolla tritata

1/3 di tazza di aceto di mele

4 scalogni affettati sottilmente

Indicazioni

Preparare un bagnomaria e inserire il Sous Vide. Impostare su 186 F. Mettere le patate in un sacchetto sigillabile sottovuoto. Condire con sale e pepe. Rilasciare l'aria con il metodo dello spostamento dell'acqua, sigillare e immergere la sacca a bagnomaria. Cuocere per 1 ora e 30 minuti. Una volta fatto, rimuovere le patate su un piatto.

Riscaldare una padella a fuoco medio e cuocere la pancetta per 5 minuti. Trasferisci su una teglia da forno. Nella stessa padella cuocere la cipolla per 1 minuto. Aggiungere le patate, la pancetta cotta e l'aceto. Cuoci finché non sobbollire. Mettete lo scalogno e condite con sale e pepe.

Braciole di maiale croccanti

Tempo di preparazione + cottura: 1 ora e 15 minuti | Porzioni: 3

ingredienti

3 costolette di lonza di maiale

Sale e pepe nero qb

1 tazza di farina

1 cucchiaino di salvia

2 uova intere

Briciole di Panko per rivestire le costolette

Indicazioni

Preparare un bagnomaria e inserire il Sous Vide. Impostare a 138 F. Tagliare il lombo a fette senza grasso. Condite con salvia, sale e pepe. Mettere in un sacchetto sigillabile sottovuoto. Rilasciare l'aria con il metodo dello spostamento dell'acqua, sigillare e immergere la sacca a bagnomaria. Cuocere per 1 ora.

Una volta che il timer si è fermato, rimuovere le costolette e asciugarle. Immergere il lombo nella farina, poi nell'uovo e per ultimo nelle briciole di panko. Ripeti il processo per tutte le fette. Riscaldare l'olio in una padella a oltre 450 F e friggere le costolette per 1 minuto. Lasciar raffreddare e affettare. Servire con riso e verdure.

Costolette di maiale dolci con pera e carote

Tempo di preparazione + cottura: 4 ore 15 minuti | Porzioni: 2

ingredienti

2 costolette di maiale disossate

Sale e pepe nero qb

10 foglie di salvia

2 tazze di carote sminuzzate

1 pera, sminuzzata

1 cucchiaio di aceto di mele

1 cucchiaino di olio d'oliva

1 cucchiaino di miele

Succo di ½ limone

2 cucchiai di prezzemolo fresco tritato

1 cucchiaio di burro

Indicazioni

Condisci le costolette con sale e pepe. Mettere le foglie di salvia sulle costolette e lasciar riposare. Preparare un bagnomaria e posizionarvi sopra il sottovuoto. Impostare su 134 F. Posizionare le costolette in un sacchetto sigillabile sottovuoto. Rilasciare l'aria con il metodo dello spostamento dell'acqua, sigillare e immergere la sacca a bagnomaria. Cuocere per 2 ore.

Spaghetti ramen di maiale e funghi

Tempo di preparazione + cottura: 24 ore 15 minuti | Porzioni: 2

ingredienti

8 once di ramen cotti e scolati

¾ libbra di spalla di maiale

6 tazze di brodo di pollo

1 tazza di funghi enoki

2 cucchiaini di salsa di soia

2 spicchi d'aglio tritati

2 cucchiaini di zenzero tritato

2 cucchiaini di olio di sesamo

2 scalogni affettati

Indicazioni

Prepara un bagnomaria e mettici dentro Sous Vide. Impostare su 158 F. Mettere la carne di maiale in un sacchetto sigillabile sottovuoto. Rilasciare l'aria con il metodo dello spostamento dell'acqua, sigillare e immergere il sacchetto nella vasca da bagno. Cuocere per 24 ore.

Una volta che il timer si è fermato, rimuovere la carne di maiale e sminuzzarla. In una casseruola calda, aggiungi il brodo di pollo, la salsa di soia, l'aglio e i funghi. Bollire per 10 minuti. Versare il brodo sui ramen e guarnire con il maiale. Condire con olio di sesamo e guarnire con lo scalogno per servire.

Gustoso filetto con salsa di avocado

Tempo di preparazione + cottura: 2 ore 10 minuti | Porzioni: 3

ingredienti

1 filetto di maiale

1 vasetto di burro di avocado

Rametti di rosmarino fresco

Sale e pepe nero qb

Indicazioni

Preparare un bagnomaria e posizionarvi sopra il sottovuoto. Impostare a 146 F. Condire il filetto con sale e pepe. Spennellate con un po 'di burro di avocado e mettete in un sacchetto sigillabile sottovuoto. Aggiungi le molle di rosmarino. Rilasciare l'aria con il metodo dello spostamento dell'acqua, sigillare e immergere la sacca a bagnomaria. Cuocere per 2 ore.

Una volta che il timer si è fermato, rimuovere il filetto e asciugarlo. Condire con sale e pepe, aggiungere altro burro di avocado e rosolare su una padella calda. Tagliate a fette e servite.

Filetto alle erbe con salsa piccante all'ananas

Tempo di preparazione + cottura: 2 ore 45 minuti | Porzioni: 4

ingredienti

¼ di tazza di zucchero di canna chiaro

1 cucchiaio di pimento macinato

½ cucchiaino di pepe di cayenna

¼ di cucchiaino di chiodi di garofano macinati

¼ di cucchiaino di cumino macinato

Sale qb

Filetto di maiale da 1 libbra

2 cucchiai di olio di canola

2 ananas finemente tagliati a cubetti

1 peperone rosso senza semi

¼ di tazza di coriandolo fresco tritato

3 cucchiai di cipolla rossa tritata finemente

2 cucchiai di succo di lime

1 jalapeno piccolo senza semi e tagliato a dadini

Indicazioni

Preparare un bagnomaria e inserire il Sous Vide. Impostato su 135 F.

Unisci lo zucchero di canna, il pepe di Caienna, il pimento, i chiodi di garofano, il sale, il cumino e il pepe. Spennellare il composto sulla carne di maiale. Scaldare l'olio in una padella a fuoco medio e rosolare il maiale per 5 minuti. Mettere in un sacchetto sigillabile sottovuoto. Rilasciare l'aria con il metodo dello spostamento dell'acqua, sigillare e immergere la sacca nel bagnomaria. Cuocere per 2 ore. Una volta che il timer si è fermato, rimuovere la carne di maiale e lasciar riposare per 10 minuti.

Per la salsa, unisci l'ananas, il peperone, la cipolla, il coriandolo, il succo di lime e il jalapeño. Affettare la carne di maiale e condire con la salsa per servire.

Filetto di paprika con erbe aromatiche

Tempo di preparazione + cottura: 2 ore 20 minuti | Porzioni: 4

ingredienti

Filetto di maiale da 1 libbra, tagliato

Sale e pepe nero qb

1 cucchiaio di basilico fresco tritato + altro per servire

1 cucchiaio di prezzemolo fresco tritato + altro per servire

1 cucchiaio di paprika

2 cucchiai di burro

Indicazioni

Preparare un bagnomaria e inserire il Sous Vide. Impostato su 134 F.

Per la miscela di erbe, unire il basilico, la paprika e il prezzemolo. Condire il filetto con sale, pepe e una miscela di erbe. Mettere in un sacchetto sigillabile sottovuoto. Aggiungi 1 cucchiaio di burro. Rilasciare l'aria con il metodo dello spostamento dell'acqua, sigillare e immergere la sacca a bagnomaria. Cuocere per 2 ore.

Una volta fatto, rimuovere il filetto e trasferirlo in una padella riscaldata con burro e miscela di erbe. Rosolare per 1-2 minuti su ogni lato. Rimuovere e lasciare riposare per 5 minuti. Tagliate il filetto a medaglioni.

Lightning Source UK Ltd.
Milton Keynes UK
UKHW022306010621
384770UK00002B/283